# 人工智能教程 2

## 少儿游戏化编程学习之ScratchJr

主　　编　陆德旭

本册作者　王　炜　曹文娟

青岛出版社
QINGDAO PUBLISHING HOUSE

## 《人工智能教程》编委会

# 序

自 AlphaGo 打败世界围棋顶尖高手李世石以来，人工智能（Artificial Intelligence）成为社会各界普遍关注的焦点，人脸识别解锁、刷脸支付、智能语言翻译、无人驾驶等技术也已成熟或渐渐成熟，走入我们的日常生活，改变着我们的生活方式。人工智能已成为全球必争的战略制高点，许多国家纷纷提出人工智能战略政策，推动人工智能发展。

作为教育领域研究者，大家普遍认识到教育具有未来实践的指向性，我们培养的人不仅是生活在当下的人，而且是生活在未来和创造未来社会的人。因此，我们必须着眼于未来的社会需要，来变革当前的教学内容和教学方式。为培养未来人工智能社会需要的人，我国政府制定了一系列政策，推动人工智能相关教育及产业的发展。2017 年 7 月 8 日，国务院印发《新一代人工智能发展规划》，提出了“实施全民智能教育项目，在中小学阶段设置人工智能相关课程，逐步推广编程教育”，“支持开展人工智能竞赛，鼓励进行形式多样的人工智能科普创作”。教育部出台的《教育信息化 2.0 行动计划》要求“完善课程方案和课程标准，充实适应信息时代、智能时代发展需要的人工智能和编程课程内容”。

无论是从国家的政策要求还是从教育的基本规律来看，人工智能相关人才培养都离不开基础教育阶段的系统化教育。从教育的要素来讲，成功的人工智能教育离不开优秀的人工智能教育课程资源和教材。因此，我国的大量研究者和实践者在人工智能教育方面都在努力探索、不断创新，我们也看到了丰硕的成果。

由陆德旭老师带领的团队编著的《人工智能教程》是这些优秀成果中的代表之一。该系列教程着眼于未来社会人才培养的要求，以人工智能教育为主题，由思维培养入手，逐渐过渡到基础的图形化编程语言学习，再延伸到智能机器人编程、Python 语言等，涵盖了从小学到高中的各个学段人工智能相关课程内容，体系比较完整，而且融入了大量来自教学一线实践的案例，也给我们研究者带来很多启发和思考。

人工智能教育不是将来时，而是现在进行时，值得我们教育理论研究者和实践者关注，值得我们共同研究。希望陆德旭老师团队编著的系列教程能够为更多地区开展人工智能教育提供借鉴，也希望编著团队能够基于实践的反馈继续提升、继续优化，不断编写出更优秀的教程。

北京大学教育学院副教授　尚俊杰

2018 年 9 月

# 前言

国务院于2017年颁布了《新一代人工智能发展规划》,明确提出"实施全民智能教育项目,在中小学阶段设置人工智能相关课程,逐步推广编程教育","支持开展人工智能竞赛,鼓励进行形式多样的人工智能科普创作"。

与此同时,中小学信息技术教学也迎来了重大变革:新颁布的《普通高中信息技术课程标准》中,计算思维是信息技术学科核心素养之一,算法与程序设计成为必修内容,大幅度提高了人工智能与编程内容的地位和占比。

《规划》与新《课程标准》的颁布,顺应了当前世界科技发展的潮流,满足了社会对信息技术专业人才的需求,立足于培养有创新思维的人才,有助于将我国建设成为创新型科技强国。

近年来,随着人工智能的兴起,全球掀起了人工智能及编程学习热潮。世界许多国家尤其是发达国家,纷纷将编程教学作为中小学生的必修课,并出台相关法规予以保障。美国前总统奥巴马甚至亲自带头推行"编程一小时"活动。这一现象被称为"编程教育的强势回归"。

编程教学从中小学信息技术课堂上由淡出到强势回归,充分证明了其价值和生命力,也是社会发展需求倒逼课堂教学内容改革的结果。

在中小学普及编程教学的目的并不是为了让每个人都成为程序员,而是为了培养学生的思维能力。学生学习编程的目的也不仅仅是学习到编程知识,更重要的是学习对人对事的方法和态度。看待问题和处理问题的方式正是人们解决问题能力的体现,这种能力是可以遵循教育规律进行训练和培养的,这是一个形成世界观、价值观和方法论体系的过程。

乔布斯曾说:"每个人都应该学习编程,因为它教你如何思考。计算机启蒙最大的好处是可以对人的思维方式进行训练,这是一个对思维完整性和逻辑性进行训练的过程,而在这个过程中我们可以培养一种新的看待问题和处理问题的方式。"

乔布斯的话回答了为何要在中小学全面普及编程教育的问题,即无论以后是否从事计算机行业,都应具备"计算思维"这种基本素养,或叫"编程思维"。

计算思维并不是单纯的编程技巧与方法，而是一种高效解决问题的思维方式，是一个“理解问题——找出路径——解决问题”的思维过程。这一思维过程的培养可以以编程学习为载体，由认识而学习、实践，直至内化提升为理性的逻辑思维。

培养学生的计算思维是信息技术学科教学的核心目标和价值所在。基于这个目标，我们编写了这套《人工智能教程》。

对于青少年学生而言，学习人工智能及其相关编程内容，不同于计算机专业人才培养，应化繁为简，从培养兴趣入手，以实例或项目学习为引领，化抽象为形象，逐步了解和学习人工智能与编程的思想与实现方式。

《教程》从培养学生编程兴趣、引领学生积极参与编程学习的实践过程入手，以培养和提升学生思维能力为目标，鼓励学生在不同的问题情境中运用计算思维来形成问题解决的方案，创造机会使学生体验编程过程中真实的工作模式和思考方式，感受编程过程中所引发的价值冲突，思考个体行为与自然环境和人文环境的关系，从而帮助学生建立正确的世界观、价值观和方法论体系。

《教程》基于当前人工智能及编程教学现状，结合一线教师丰富的经验经历，采用当前最为流行的基础性人工智能软硬件和编程语言为基础编写，主要面向学前大班、小学、初中与高中阶段的青少年学生，内容安排充分考虑到青少年身心成长发展规律与接受能力，由简单形象的可视化操作和开源硬件实践操作到抽象的代码编程，难度逐步递进。整体上有系统性，各册又相对独立。不同年龄的读者既可以基于自身基础和兴趣选择部分模块学习，也可以从零基础开始进行系统性学习。

《教程》编写的创意来源于社会需求，内容规划上听取和参考了很多校长、老师、家长的宝贵意见和建议，特别是得到了现任中国海洋大学信息科学与工程学院院长、博士生导师，青岛海洋科学与技术国家实验室高性能科学计算与系统仿真平台主任、网络与信息中心主任魏志强教授，北京大学教育学院副院长、教育技术系主任尚俊杰副教授和中国海洋大学教育系副主任孙艳霞副教授的热心指导，尚俊杰副教授亲自为教程作序，在此一并表示衷心的感谢！

最后，衷心祝愿读者能够从书中获益，在这场人工智能大变革的潮流中，紧跟时代发展步伐，为国家和社会的发展作出自己的贡献。

《人工智能教程》编委会

2018 年 9 月

# 目录

人工智能教程 2 · 少儿游戏化编程学习之 ScratchJr

# 第一单元

本单元的主要内容是学习 ScratchJr 的使用方法，学会添加角色，改变背景，让角色移动、旋转，以及保存作品。

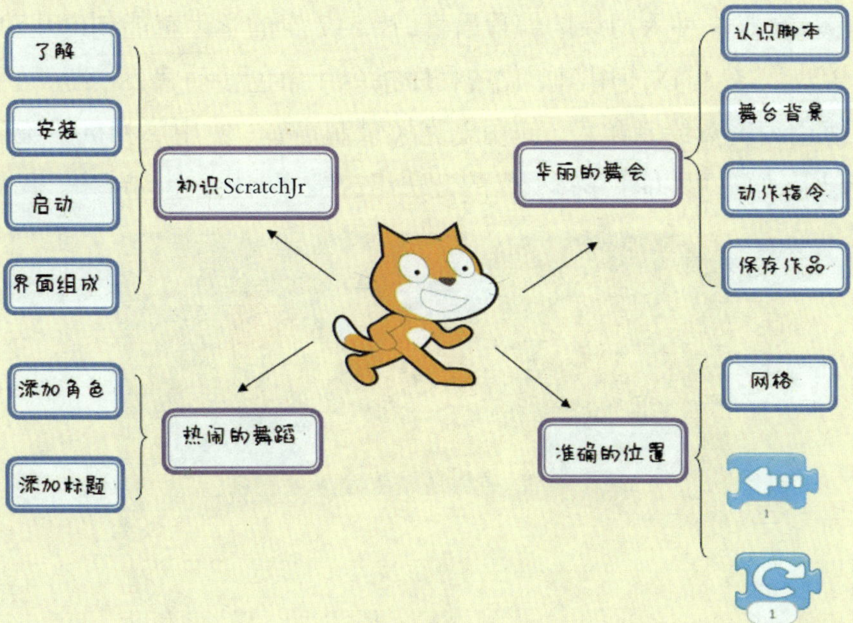

# 第 1 课 初识 ScratchJr

你好，欢迎来到 ScratchJr 的世界。只要你有想象力和创造力，这里就可以帮助你将梦想变为现实。

## 探究学习

### ★ 什么是 ScratchJr ★

ScratchJr 是一种入门级的编程语言，让 5~7 岁的学生就能创建互动的动画故事和游戏。学生可以使用图形化的程序指令让角色移动、跳跃、跳舞、唱歌等，还可以使用编辑器绘制角色、使用麦克风录制声音、使用照相机拍摄照片等。在此基础上，学生可以用“拼积木”的方法组合程序，让角色动起来。

ScratchJr 是 Scratch 的简化版，继承了 Scratch 中的关键元素。开发者重新设计了操作界面和编程语言，使它更适合 5~7 岁的学生。值得一提的是，它的功能设计得更符合学生的认知和情感发展，更有助于帮助学生初步理解计算思维。

## ★ 安装 ScratchJr ★

ScratchJr 借助平板设备运行，我们可以在 iPad 或者 Android 平板上免费下载 ScratchJr 应用程序。下面，我们以在 iPad 上的操作为例。

1. 点击“”图标，进入应用商城。
2. 在应用商城中，搜索“ScratchJr”，并点击“获取”按钮。

3. 获取完毕，点击“打开”按钮。

4. 当 iPad 主界面中出现“”图标时，程序安装完毕。

## ★ 启动 ScratchJr ★

点击“”图标，打开 ScratchJr 应用程序。

当进入 ScratchJr 应用程序时，你会发现两个按钮，它们分别是主页按钮“”和帮助按钮“”。点击主页按钮，可以直接进入 ScratchJr 的创作主页，在此可以进行对项目的添加。点击帮助按钮后，可以观看 ScratchJr 的项目实例，简单了解 ScratchJr 的操作。

### 交流提升

点击主页按钮后，你能发现哪些按钮？它们分别有什么作用？

## ★ 认识 ScratchJr ★

1. 新建项目：点击主页按钮，进入主页，你会发现一个“”按钮。点击它即可创建一个新的项目，如图所示：

2. 认识界面：进入新建的项目后，会出现 ScratchJr 的编辑界面。这里是进行动画创作的地方，它的组成部分如图所示：

## 知识点播

舞台是角色“表演”的地方。如果要删除舞台上的角色，可以点击角色停留一段时间，稍后会出现删除按钮，点击它即可。

工具栏包含了一些设置按钮，如添加文字、重设角色按钮等。

在场景区中，可以选取当前舞台的页面，或者点击“➕”按钮来添加新的舞台页面。每个舞台页面有各自的角色、背景，互不影响。如果要删除页面，可以点击页面停留一段时间，稍后会出现删除按钮，点击它即可。

拖动页面可以调整页面的顺序。

编程工作区是组合指令、编写程序的地方。

指令面板显示可用的指令。

在指令分类区中，所有程序指令按照用途进行了分类，包括触发“ ”、动作“ ”、外观“ ”、音效“ ”、控制“ ”、结束“ ”等类型。

角色区显示舞台中正在使用的角色，点击“ ”按钮可以添加新的角色。

## 交流提升

尝试点击页面上的各个按钮，看看它们有什么作用。

## 知识拓展

为什么创造 ScratchJr？

了解编程是新时代学生的必备素养，能帮助学生组织思路、表达观点。在信息化社会，我们争取让更多的学生有学习编程的机会。当使用 ScratchJr 时，学生不仅可以和电脑互动，而且可以通过电脑尝试创作和表达内心所想。在这个过程中，学生会锻炼解决问题、设计创意、分析逻辑的能力。这些是帮助学生成长的关键因素。ScratchJr 不仅教会学生编写程序，还能让学生在学习编程的过程中得到更多。

# 第 2 课 华丽的舞会

上节课，我们对 ScratchJr 的安装和界面的组成已经有了初步的了解。本节课，我们将学习运用指令来创作简单的动画。

## 探究学习

### ★ 认识脚本 ★

1. 用手指点击动作指令时，它的上方会出现动作指令的名称。

2. 拖动往上走指令到编程工作区并点击它，小猫角色就会往上移动。

3. 将更多的动作指令拖动到编程工作区，把它们组合在一起，会形成一系列的动作指令，我们称它们为“脚本”，如图所示：

### 交流提升

你认识了哪些指令？试一试。它们的作用是什么？

## ★ 创建舞台背景 ★

1. 点击工具栏中的变更背景按钮，会弹出背景库。

2. 在背景库中，有许多背景图片可供选择。选择剧院背景，再点击右上方的“✓”按钮。

3. 这样，剧院背景就加载到舞台上了，舞台背景设置完成。

## 交流提升

舞台背景如果不合适，可以更换吗？

## ★ 舞动的小猫 ★

1. 对小猫角色进行编程，点击指令分类区中蓝色的动作按钮“”，打开动作指令区，选择相应的动作指令，并将它拖到编程工作区，以组成脚本。

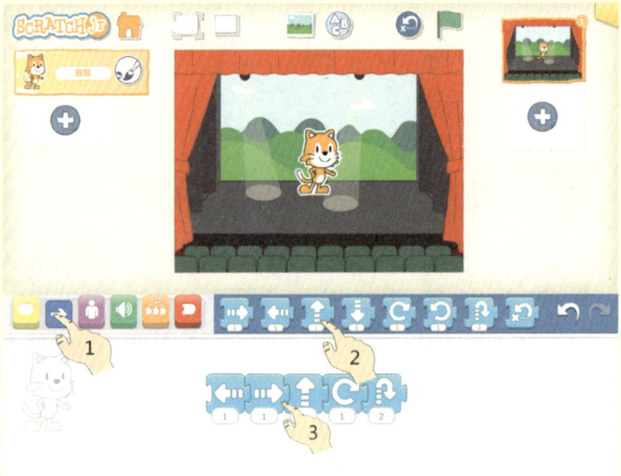


2. 点击脚本中的任何一个指令，都可以看到小猫做动作。

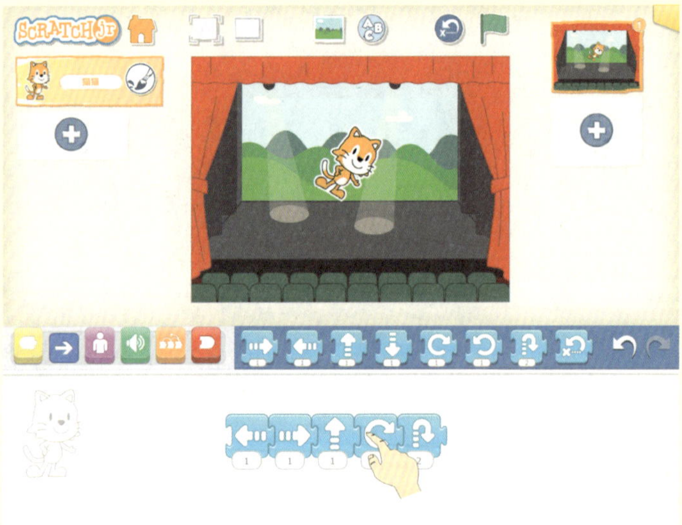

## 知识点播

无论点击的是哪一个指令，程序都会从头开始运行。正在运行的动作指令会以高亮状态显示。

3. 用绿旗指令来控制脚本：在指令分类区中，点击黄色的触发按钮“ ”。在触发指令区中，选择绿旗指令“ ”，并将它拖到编程工作区，放置在脚本的开头。

4. 点击工具栏中的绿旗按钮，查看效果。

## ★ 保存作品 ★

1. 点击界面左上角的主页按钮“ ”返回主页，作品就被保存了。

2. 如果要继续编辑该作品，只需点击主页中该项目的缩略图，就可以重新回到该作品的 ScratchJr 编辑界面。

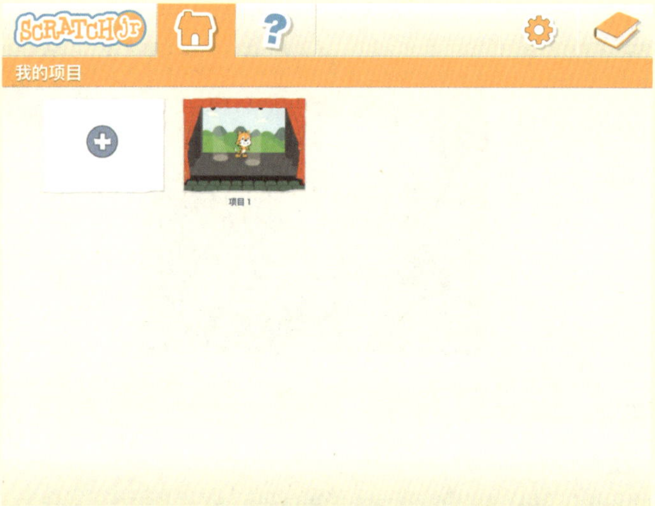


### 挑战自我

瞧！小猫已经在舞台上舞动起来了。你还能创建什么样的动画？运用今天学到的知识创作一个动画，并与你的小伙伴一起交流吧。

### 知识拓展

当程序运行完后，我们发现角色的位置可能会发生变化。如何让角色回到原始的位置呢？点击工具栏中的重设角色按钮“ ”，就可以让角色回到原始的位置，赶紧试试吧。

# 第3课 热闹的舞蹈

前面，我们学习了为默认的角色创作一个简单的动画。本节课，我们将学习为多个角色创作动画以及添加标题。

## 探究学习

### ★ 添加新角色 ★

小猫是 ScratchJr 默认的角色，你还可以添加其他角色。

1. 点击角色区中的“+”按钮。

2. 在弹出的角色库中，会呈现许多角色。可以用手指在界面上上下滑动，以查看更多角色。

3. 选择需要添加的角色，如巫师。点击“✓”按钮，将他添加到项目中。

4. 瞧！舞台上出现了新的角色。

### 知识点播

新添加的角色会出现在舞台的中央，你可以用手指将其拖到合适的位置。

5. 角色区显示舞台中所有的角色。

### 知识点播

删除角色：在角色区，用手指点击想删除的角色，并停留一段时间，直到角色旁出现红色的删除按钮，点击它即可删除角色。

## 交流提升

添加新的角色后，原来的小猫角色的脚本为什么消失了？试着找回来吧。

## 知识点播

每个角色都有自己的编程工作区，试着点击角色区中的小猫角色，看看它的脚本是不是藏在编程工作区。

## 挑战自我

选择巫师角色，为其设置动作的脚本并运行，看看效果。

### ★ 添加标题 ★

为创作完成的动画添加一个标题，如“快乐的舞蹈”。

1. 点击工具栏中的添加文字按钮“ABC”，会弹出标题窗口。

2. 在窗口中输入“快乐的舞蹈”。

**知识点播**

标题可以用中文或英文，文字的大小和颜色可以分别点击改变大小按钮“AAA”和改变颜色按钮“ ”来设置。

3. 点击键盘中的“前往”按钮，标题就出现在舞台上了。

## 知识点播

你可以用手指将标题拖到合适的位置。

## 交流提升

设置完成的标题还可以修改吗？

## 挑战自我

为你的动画设计一个标题吧。

## 知识拓展

删除指令：如果要将编程工作区中的某个指令删除，只需把它拖到指令面板松开即可。

# 第4课 准确的位置

我想沿着路线移动，想一想：什么指令可以帮助我完成动作？让我们一起去探究吧。

## 探究学习

### ★ 让小猫移动 ★

编写程序让小猫从舞台中的左边移动到右边，如图所示。如果使用移动指令，应该如何设置小猫移动的步数呢？

1. 点击工具栏中的网格模式按钮。

2. 舞台上会显示网格线，网格线可以帮助你确定角色在舞台上的位置。

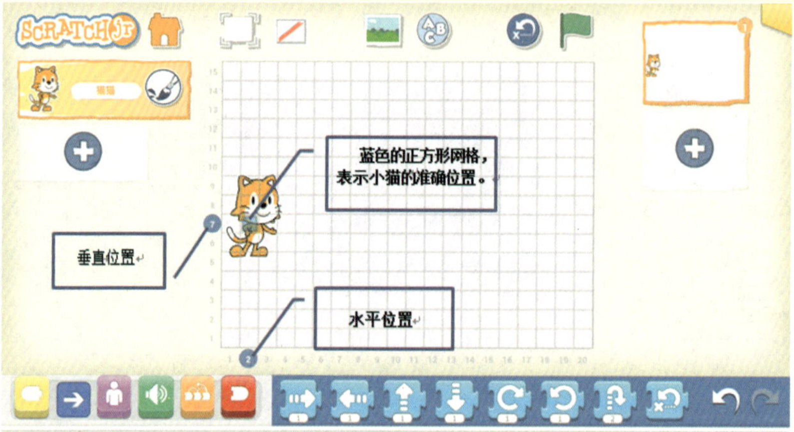


## 知识点播

角色身上的蓝色方块对应的数字表示角色在舞台上的位置。当角色在舞台上移动时，蓝色方块会跟随角色移动。

3. 小猫所在水平位置对应的数字是 2，如果让它从该位置开始往右行走，到水平位置对应的数字为 20 时停止，可以计算出它一共走了 18 步。

4. 拖动往右走指令“”到编程工作区，点击指令下方的数字，在右边会出现数字键盘，在键盘中输入数字 18，即可将该指令设置为往右走 18 步。

## 知识点播

往右走指令下方的数字代表了相同指令连续的次数。这样可以简化脚本。

5. 拖动绿旗指令到程序脚本的开头。

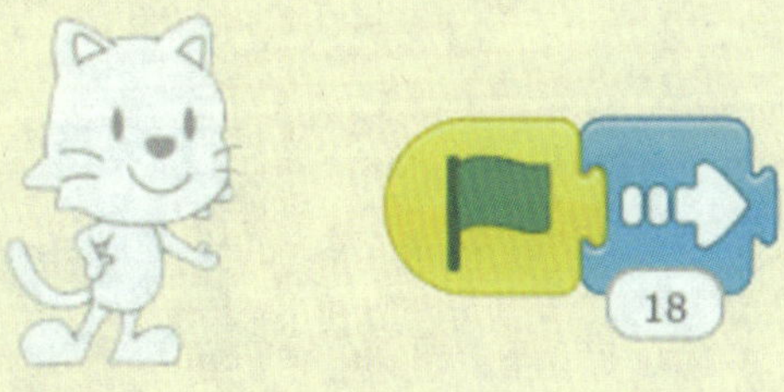


6. 点击绿旗按钮运行程序，查看效果。

## 交流提升

试一试：“”指令和“”指令执行后的效果是不是一样？为什么？

## 挑战自我

试着编写程序让小猫走出的轨迹为四边形。

## 知识点播

水平移动（往左走、往右走）指令和垂直移动（往上走、往下走）指令可以组合使用。试试组合下面的指令。（提示：记得修改指令下方的数字参数。）

### ★ 让小猫顺时针旋转一周 ★

1. 从动作指令区中选取向右旋转指令，并将它拖到编程工作区。

## 知识点播

旋转指令分为顺时针旋转指令和逆时针旋转指令。

2. 让小猫顺时针旋转一周（将数字改为 12）。

知识点播

角色的旋转角度与时钟的关系：旋转指令执行 1 次，角色旋转的角度相当于钟表分针走 5 分钟。钟表分针走 1 周为 60 分钟。因此，ScratchJr 中的角色旋转 1 周，相当于旋转指令执行 12 次（60 除以 5 等于 12），即旋转指令下方的数字应设置为 12。

3. 点击绿旗按钮运行脚本，查看运行效果。

## 交流提升

想一想：如果让角色旋转两周，数字应该设置成几？3 周、4 周呢？

## 挑战自我

设置向右旋转指令，让角色旋转相当于钟表分针走 15 分钟的角度。

## 知识拓展

编写程序让小猫在舞台上翻跟头，也就是让它的旋转和向前移动指令同时执行。

提示：为角色编写两段脚本，并都采用点击绿旗按钮时运行脚本的方式。

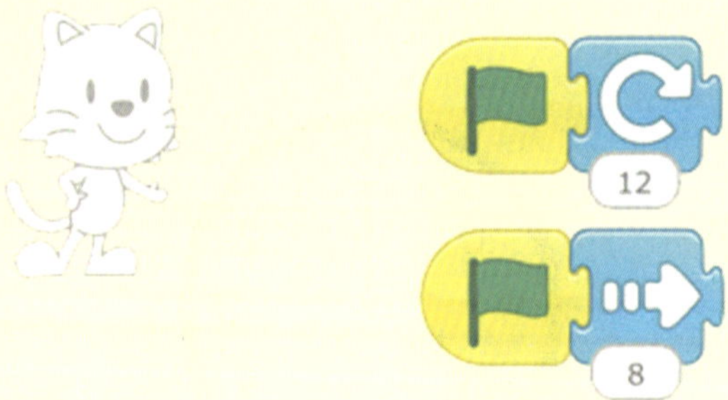

# 第二单元

在第一单元中，我们已经了解了ScratchJr中的角色、背景以及简单的脚本。在本单元中，我们将学习显示和隐藏、场景的切换以及音效等指令，实现角色之间的互动。

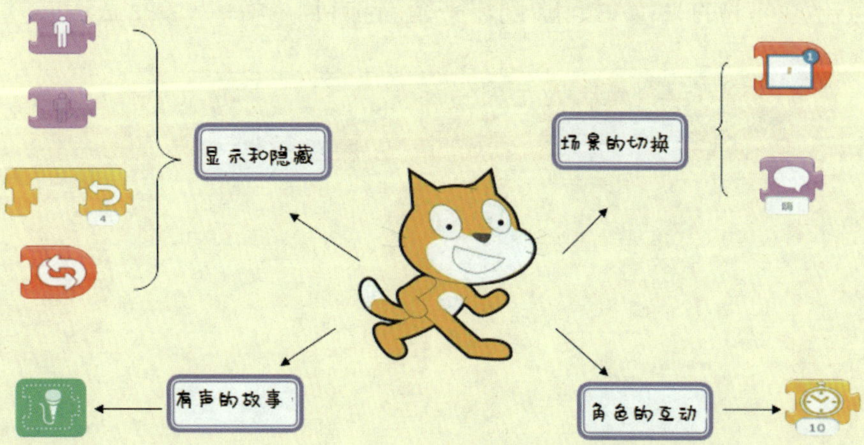

# 第 5 课 显示和隐藏

在一些动画中，经常会出现若隐若现的效果，隐藏和显示指令能帮我们实现这种效果。

## 探究学习

### ★ 让角色先消失再出现 ★

1. 点击主页上的“⊕”按钮，创建一个新项目。

2. 在指令分类区中，点击紫色的外观按钮“”，打开外观指令区。

3. 将隐藏指令“”和显示指令“”拖到编程工作区，角色就可以实现先隐藏再显示的效果。

4. 向编程工作区中再分别拖入 3 个隐藏指令和 3 个显示指令，并把它们组合起来，如图所示。这样，就能实现小猫连续消失、出现 4 次。

5. 拖动绿旗指令到脚本的开头。

6. 点击绿旗按钮运行程序，查看效果。

## 知识点播

隐藏和显示指令中间可以添加动作指令。角色即使处于隐藏状态，依然可以移动。

## 交流提升

数一数：角色隐藏和显示的次数与你使用的隐藏和显示指令的数量是否一致？

## 挑战自我

添加星星角色，实现星星一闪一闪的动画效果。

### ★ 重复运行 ★

脚本“”可以让角色连续隐藏、显示 4 次，可不可以将脚本简化？

1. 将隐藏和显示指令拖到编程工作区，并将它们组合在一起。

2. 在指令分类区中，点击橙色的控制按钮，打开控制指令区。

3. 将循环指令拖到编程工作区，并把它与隐藏和显示指令组合。

### 知识点播

循环指令“”的作用是重复执行指令框内的动作。所以,一定要将需要重复执行的指令放入循环指令框内。

4. 拖动绿旗指令与该脚本组合。

5. 点击绿旗按钮运行程序,查看效果。

### 知识点播

循环指令默认的数字是 4,可以点击数字修改循环次数。

### 交流提升

说一说:使用循环指令的好处是什么?一般在什么情况下可以使用循环指令?

### 挑战自我

试着将隐藏和显示指令放置在循环指令的框外,看看隐藏和显示指令在其内部和外部的区别。

## 知识拓展

如果想让小猫角色在程序运行期间一直消失、重现，可以把循环指令替换为无限循环指令，并放置到脚本的末尾。

1. 在指令分类区中，点击红色的结束按钮，打开结束指令区。

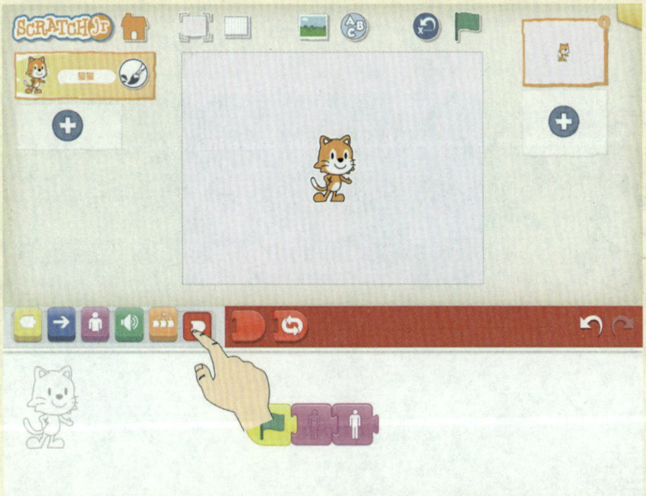

2. 将无限循环指令拖到编程工作区，并将其放置在脚本的末尾。

3. 点击绿旗按钮运行程序，查看效果。

# 第 6 课 场景的切换

在动画中，通常会有场景的切换，例如：让角色从图书馆场景切换到教室场景。本节课，我们就来研究场景的切换。

## 探究学习

### ★ 场景的切换 ★

导入新的场景，让角色实现从图书馆场景到教室场景的切换。

1. 启动 ScratchJr，点击主页上的“➕”按钮，创建一个新的项目。

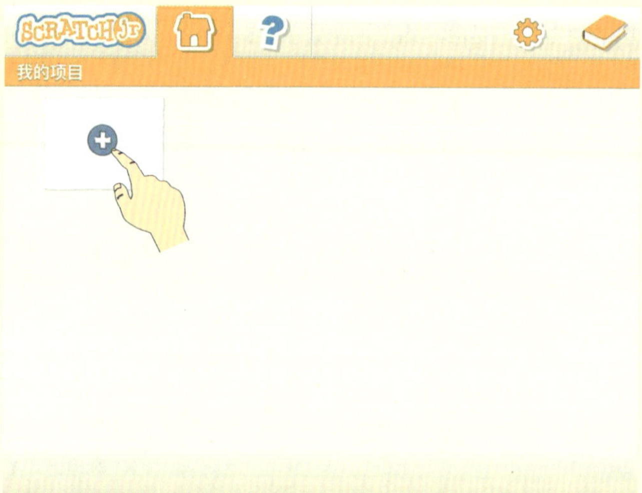

2. 更改舞台背景为图书馆。

3. 点击场景区中的“⊕”按钮，添加一个新的场景。

4. 场景区中出现了两个场景。

### 知识点播

添加新场景的效果就像创建了一个新的项目，原来的场景还在，舞台的右边会出现场景列表。

5. 将场景 2 的舞台背景更改为教室。

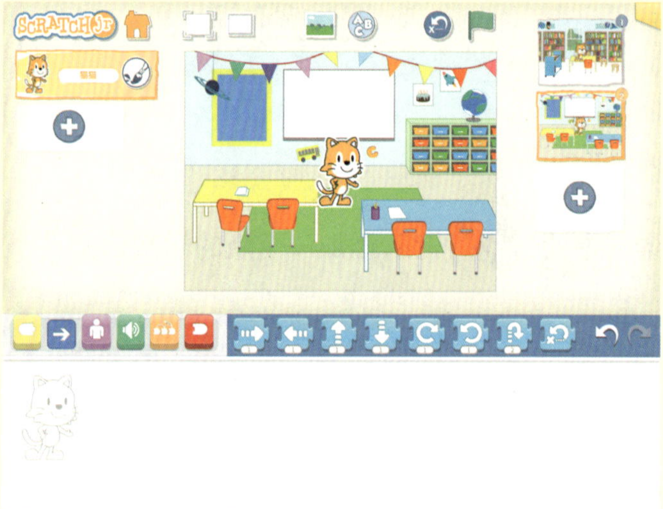

6. 选择场景 1，编写脚本，让角色先后向右、向左行走一步，然后说：“读书有益。”

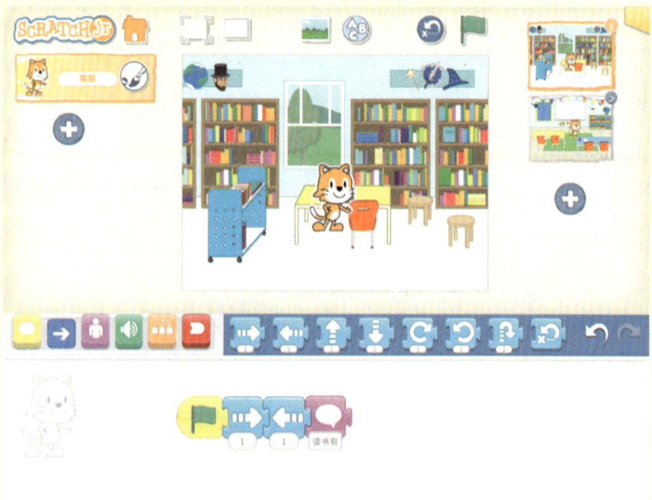

7. 选择场景 2，编写脚本，让角色向右行走一步，跳起来说：“上课啦！”

## 知识点播

①在设计程序时，可能需要不同的场景。为角色编写脚本时，特别是同一个角色，需要注意在不同的场景中分别编写脚本。

②说话指令可以让角色通过文字来表达要说的话。点击指令分类区中的外观按钮，就可以找到说话指令。

③将说话指令拖到编程工作区，点击其下方的对话框，删除原有文字，输入角色要说的话。

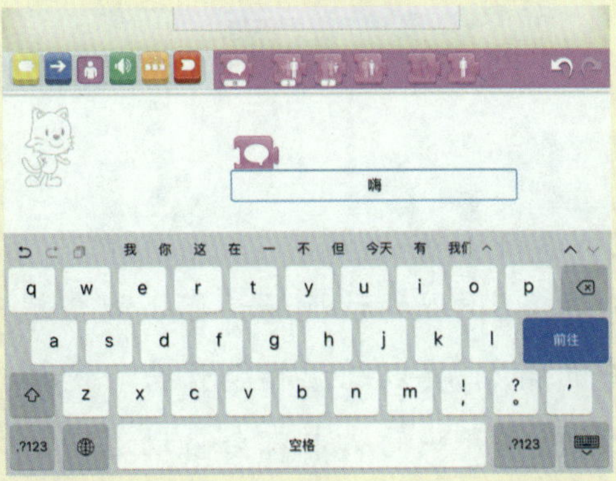

8. 在指令分类区中，点击红色的结束按钮，打开结束指令区。新创建的场景会以缩略图的形式出现，它表示切换至场景 2 指令。

切换场景指令

9. 选择场景 1，在角色脚本末尾添加切换至场景 2 指令。

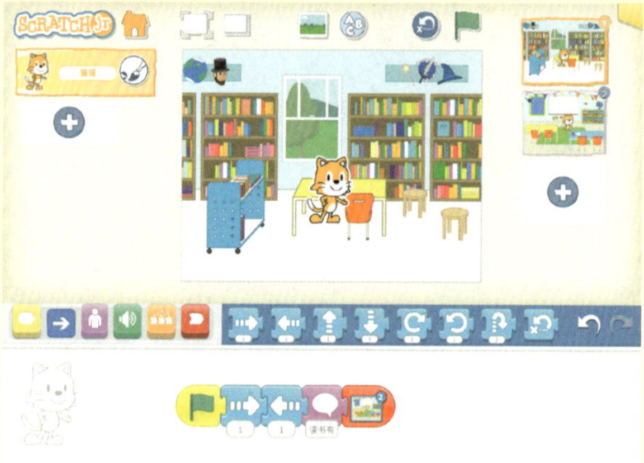

10. 也可选择场景 2，在角色脚本末尾添加切换至场景 1 指令。

## 知识点播

①添加的场景越多，出现的切换场景指令就会越多。

②不同场景中的脚本，要以绿旗指令开头。这样，每当角色进入新的场景时，所有以绿旗指令开头的脚本都会自动运行。

11. 点击绿旗按钮运行程序，查看效果。

## 交流提升

继续添加场景后，观察结束指令区中的切换场景指令有什么变化。

## 挑战自我

一年中，春、夏、秋、冬 4 个季节交替出现。请你利用场景的切换创作一个四季交替的动画吧。

## 知识拓展

如何将一个场景中的角色和脚本一起复制到另外一个场景中？

1. 在场景中添加角色后，ScratchJr 应用程序会在舞台的左边出现角色列表。场景 1 中目前有两个角色，如图所示：

2. 新建场景 2,并删除场景 2 中的默认角色。

3. 重新选择场景 1,并拖动角色列表中的苹果角色到场景 2。

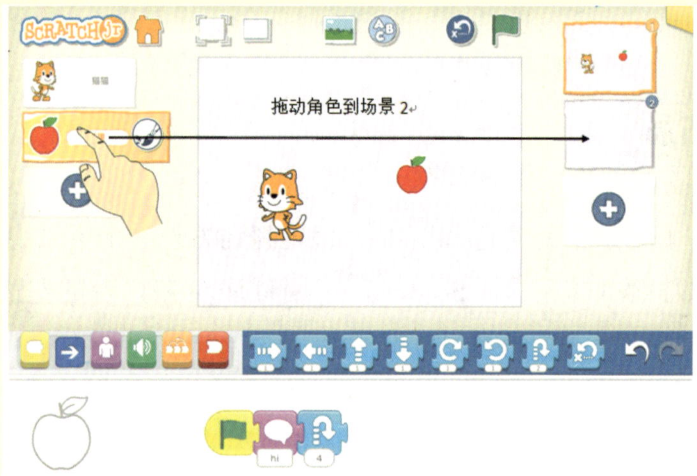


4. 选择场景 2,你会发现苹果角色和其脚本都已经在里面了。

# 第 7 课 有声的故事

在播放动画时，如果伴随着优美的音乐、美妙的声音，动画会更加生动、有趣。本节课，我们将利用音效指令区“”的指令为动画添加声音。

## 探究学习

### ★ 为角色配音 ★

1. 启动 ScratchJr 应用程序，点击主页上的“”按钮，创建一个新的项目。

2. 在指令分类区中，点击绿色的音效按钮，打开音效指令区，选择录制音效指令。

3. 点击录音按钮，会开始录音。点击停止按钮，会停止录音。

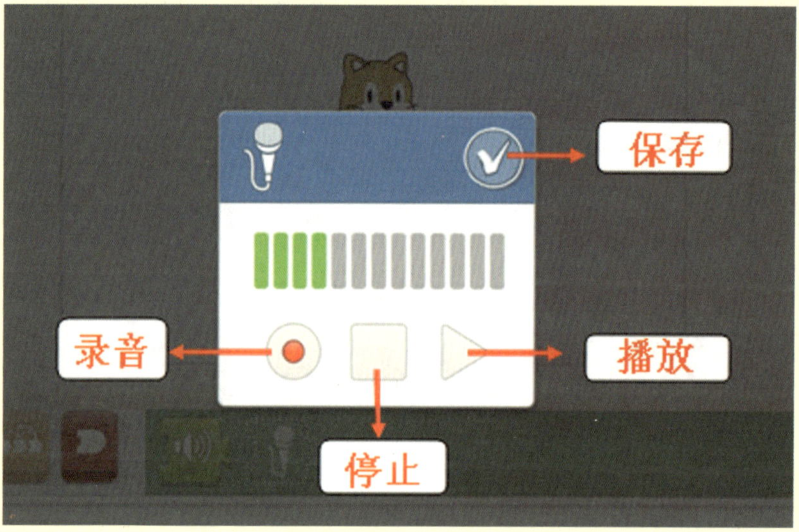


## 知识点播

①录音时，绿色条带代表的是音量，即录制声音的大小。绿色条带越长，表示音量越大。

②在保存录音之前，可以点击播放按钮，回放刚才的录音。如果不满意，可以再次点击录音按钮，重新录制一段新的声音。

③录制完毕，点击“”按钮保存录音。这时，音效指令区会出现一个新的声音。

④如果想删除已经录制好的声音，可以点击该声音指令，停留一段时间，待删除按钮出现后，点击它即可。

4. 将播放录制的音效指令拖到编程工作区，将绿旗指令拖到脚本的开头。

5. 点击绿旗按钮运行程序，查看效果。

## 交流提升

保存录音后，音效指令区会出现播放录制的音效指令。试一试：在一个项目中，每个场景中的每个角色最多能录制几段声音？

## 挑战自我

编写脚本让小猫的对话和声音同时出现。

提示：为小猫编写两段脚本，每段脚本都要以绿旗指令为开头。

## 知识拓展

录音是无法复制给其他角色的，每段录音都被保存在特定的场景中，而且只能在该角色的脚本中使用。

# 第8课 角色的互动

我们通过录制音效指令可以为角色配音。如果让角色之间进行有趣的互动对话，动画就更加逼真和生动了。

## 探究学习

### ★角色的互动★

1. 创建新项目，将舞台背景设置为教室。

2. 将小猫角色拖到舞台中的左边，再添加一个青少年角色，并将他拖到舞台中的右边。

3. 选择小猫角色，编写脚本，让小猫向右移动，并说：“一起打篮球吧。”

4. 在指令分类区中，点击橙色的控制按钮“ ”，打开控制指令区，拖动等待指令到编程工作区，让小猫说完话等待 1 秒钟（数字设为 10）。

## 知识点播

等待指令“”的作用是让角色停止动作一段时间，以实现角色之间的对话、动作等互动形式，需要计算好时间。

5. 选择青少年角色，编写脚本，让角色等待 1 秒钟（数字设为 10）后向左移动，说：“好啊！”

## 知识点播

改变等待指令下方的数字可以设置角色等待的时间，该数字的单位是 1/10 秒，即数字 10 代表的是角色等待时间为 1 秒。

6. 两段程序分别以绿旗指令作为脚本的开头。

7. 点击绿旗按钮运行程序，查看效果。

## 交流提升

你设置的小猫和青少年角色实现对话互动了吗？想一想：“等待”指令还可以用在什么情境中？

## 挑战自我

创设情境，编写程序，让小猫角色等待车辆行驶过去后再安全过马路。

## 知识拓展

改变角色的朝向。

如果要想改变角色初始的朝向，可以通过往左走、往右走指令来实现。完成后，要记得在编程工作区删除该指令。

# 第三单元

ScratchJr 应用程序具有强大的绘画功能，它的绘画工具可以让我们创作自己想要的角色和场景。本单元，我们来学习使用绘图编辑器中的工具以及利用速度指令改变角色的动作快慢。

# 第 9 课 你追我赶

我们通过移动指令让角色移动，那么如何改变角色移动的速度呢？

## 探究学习

### ★ 设置角色移动速度 ★

1. 新建项目，设置舞台背景为农场。

2. 将小猫角色移动到舞台中的左边，再添加小兔角色，并将它也拖动到舞台中的左边，和小猫左右对齐。

3. 分别为小猫和小兔角色设置向右走的脚本，行走步数相同。

4. 在指令分类区中，点击橙色的控制按钮，打开控制指令区，选择设定速度指令“”。

5. 拖动设定速度指令，分别放置在两段脚本中往右走指令的前方。

## 知识点播

设定速度指令会改变其后的动作执行的速度。

6. 分别设置两个角色脚本中的设定速度指令，让小猫跑得慢一点儿，让小兔跑得快一点儿。

## 知识点播

点击设定速度指令下方的箭头时，会出现 3 个选项，分别表示慢速、中速和快速。

7. 分别添加绿旗指令到两段脚本的开头。

8. 点击绿旗按钮运行程序，查看效果。

## 交流提升

比较两个角色的脚本，它们有哪些相同或不同的地方？

## 挑战自我

设定速度指令不仅可以改变角色动作的速度，还可以用于外观的变化速度，如快速缩小、瞬间消失等。试着创作一个让角色快速消失的动画吧。

## 知识拓展

拖动某个角色的脚本到其他角色的缩略图上，可以让其他角色也具有相同的脚本。

# 第 10 课 小绘画师

当角色库中的角色不能满足我们的需要时，可以利用绘图编辑器进行角色的设计。

## 探究学习

### ★ 绘制小雪人 ★

1. 新建项目，并将舞台背景设置为北极。

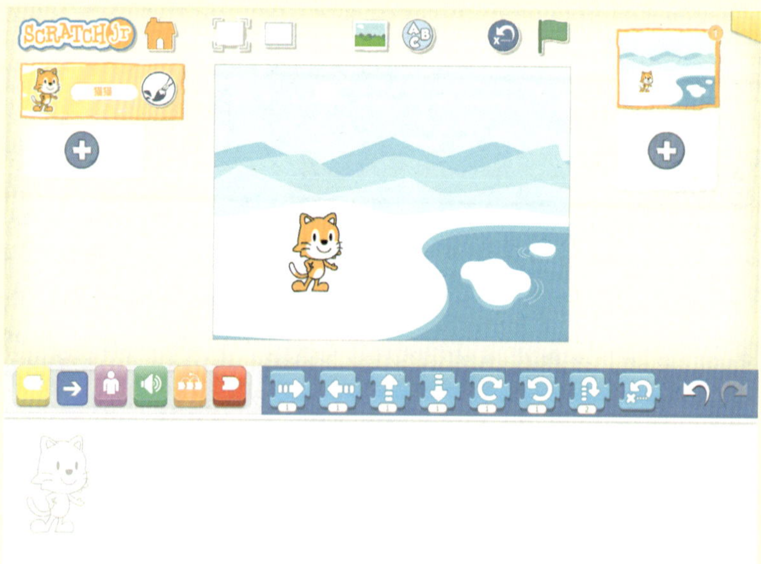

2. 删除小猫角色，并点击角色区中的“+”按钮，准备添加一个新角色。

3. 在打开的角色库中，点击右上角的画笔按钮，打开绘图编辑器。

4. 点击左侧的圆形工具，在空白画纸上画出两个大小不一的圆形。

## 知识点播

形状工具可以用于绘制不同的形状，包括线段、圆形、方形和三角形等工具。

5. 使用拖动工具，将两个圆形拖到合适的位置。

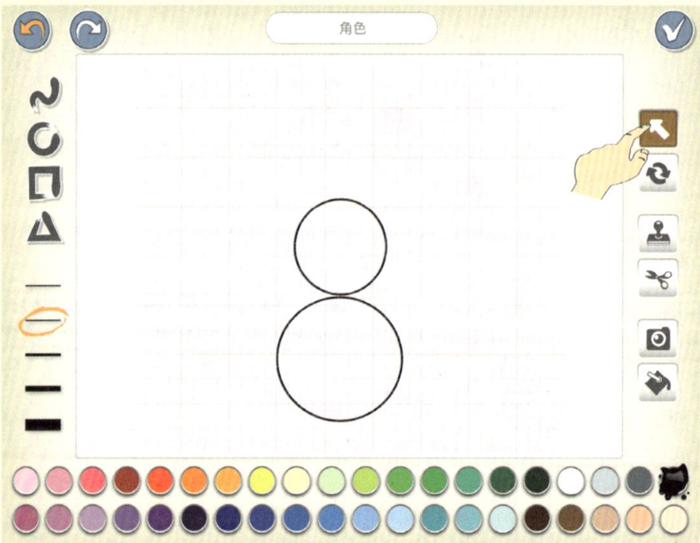


## 知识点播

拖动工具“↖”：点击拖动工具后，可以拖动画布上的角色或者形状到合适的位置。如果拖动的是形状，还可以拖动四周的小圆点来修改形状。

6. 点击填充工具后，选择白色，再点击两个圆形为雪人填充上颜色。

## 知识点播

填充工具“”：在点击填充工具后，可以将角色的某个区域或形状填满指定的颜色。

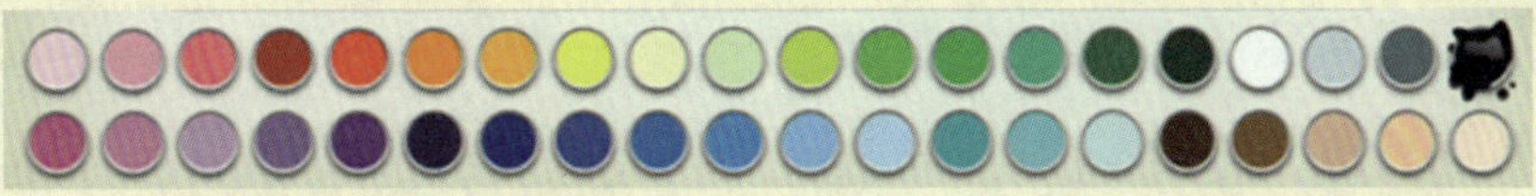

可以在颜色区中选择绘制线条或填充形状时所要使用的颜色。

7. 继续使用圆形工具为雪人绘制一双眼睛，并用黑色填充。

**知识点播**

复制工具“”可用来复制指定的图案。点击复制按钮后，可以接着点击一下角色或形状，将其复制并贴在画布上。

剪切工具“”可用来剪切指定的图案。点击剪切按钮后，可以接着点击一下角色或形状，将它们从画布上移除。

8. 点击线条工具，绘制雪人的两只胳膊和手。

**知识点播**

撤销按钮“”：可以点击撤销按钮来撤销最近的操作。

重做按钮“”：可以点击重做按钮来重做最近撤销的操作。

9. 点击三角形工具，为它填充上合适的颜色，并进行旋转，让它成为雪人的鼻子。

## 知识点播

旋转工具“”可以用来旋转画布上的角色或形状。

10. 用线段工具画雪人的嘴巴。

11. 点击右上角的“”按钮进行确认，雪人角色就绘制完成了。

## 交流提升

保存后的角色还可以继续修改吗？

**挑战自我**

尝试编写脚本，用多个场景展示绘制雪人的过程。

提示：在第一个场景中完成雪人的身体，在第二个场景中完成雪人的胳膊，在第三个场景中完成雪人的头部等。

## ★ 让自己当角色 ★

1. 创建一个新角色，可根据自己的实际情况挑选带空白脸的角色。

2. 点击该角色旁的画笔按钮，打开绘图编辑器。

3. 点击相机工具，再点击角色的脸部。

## 知识点播

相机工具“”：在点击相机工具后，可以点击角色的某个区域或形状，对准要拍摄的内容后，点击相机按钮，拍摄的内容就会填充到这个区域中。

4. 对着自己的脸部拍照。

## 交流提升

思考：在角色库中，哪些类型的角色可以通过相机工具来创作？为什么？

## 挑战自我

利用绘图和相机工具，为你的小伙伴创作一个角色吧。

5. 点击右上角的“✓”按钮进行确认。

## 知识拓展

我们可以利用绘图编辑器中的工具创作角色。其实，舞台背景也可以自己创作，方法和创作角色的方法是类似的。

打开背景图库，选择右上角的画笔工具，就可以创作舞台背景了。

# 第四单元

在本单元中，我们将通过ScratchJr应用程序创作主题动画和简单的互动游戏。

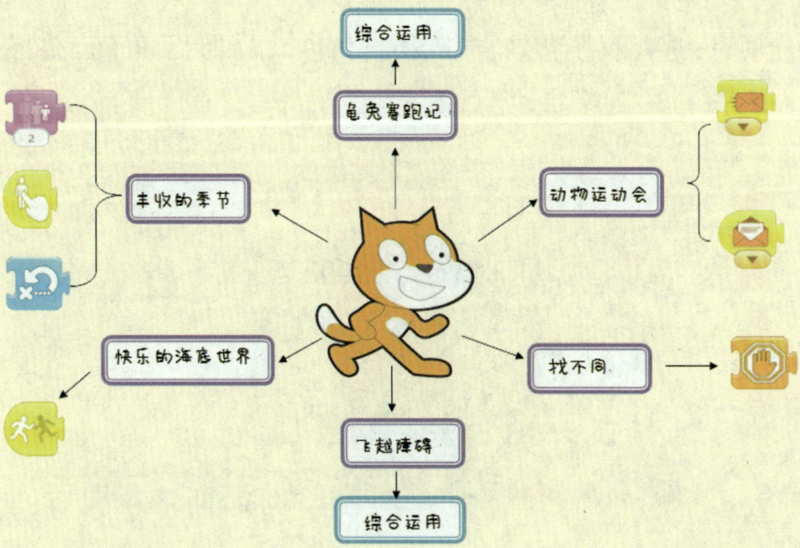

# 第 11 课 龟兔赛跑记

龟兔赛跑的故事讲述的是：兔子和乌龟赛跑，兔子因骄傲自大而在半路休息，结果睡着了；耐心的乌龟一直向终点爬，最终获得了胜利。我们在 ScratchJr 中可以将这个故事展示出来。

## 探究学习

### ★ 创作龟兔赛跑的故事 ★

1. 新建项目，选择农场背景，删除小猫角色，添加兔子角色，并将其拖动至舞台中的左边。

2. 角色库中没有乌龟角色，可以利用绘图编辑器绘制。

3. 添加两个新的场景，如河流和果园，让故事中有场景的切换。（记得删除默认的小猫角色。）

4. 将兔子和乌龟角色分别拖动至场景 2 和场景 3，并将它们调整到合适的位置。

5. 在场景 1 中，编写兔子和乌龟角色对话的脚本。兔子先说："小乌龟，我们来场跑步比赛吧。"乌龟说："好啊！看谁先跑到终点。"

**知识点播**

由于乌龟角色要在兔子角色说完话后再说，因此要给乌龟角色添加一个等待指令，并设置好等待的时间。

6. 在场景 1 中，设置兔子角色的速度快一点儿，乌龟角色的速度慢一点儿。兔子和乌龟角色的对话结束后，在脚本中添加一句录制的声音"开始"，然后它们开始赛跑。

**知识点播**

这里的设定速度指令不会影响等待的时间。

7. 场景 1 中，在兔子角色脚本的末尾添加隐藏指令，在乌龟角色脚本的末尾添加切换至场景 2 指令。

**知识点播**

场景切换需要所有角色的脚本都执行完毕才进行。当场景中出现 1 个以上角色时，由于不同角色运行脚本快慢不同，因此我们要将场景切换指令添加到执行程序时间最长的脚本末尾。例如：在场景 1 中，乌龟角色的脚本运行的时间长，所以要在其末尾添加切换场景指令。

8. 在场景 2 中，要模拟兔子去睡觉的场景，可以删除兔子角色，并编写乌龟继续往前爬的脚本，结束后切换到场景 3。

9. 在场景 3 中，编写兔子睡醒后奋起直追、最终乌龟先到达终点的脚本。

## 知识点播

程序中，时间的设定需要我们不断地实验来确定。角色的移动步数可以通过网格来计算。

10. 点击绿旗按钮运行程序，查看效果。

## 交流提升

说一说切换场景指令的作用和用法。

## 挑战自我

利用录制音效指令为故事配音。

## 知识拓展

修改现有的角色，创建新的角色。

绘图编辑器不仅可以绘制角色，还可以对 ScratchJr 系统中原本的角色进行修改（修改后保存，会新建角色，而原来的角色保持不变）。

1. 首先，选择角色库中的角色，如小鸡。

2. 然后，点击绘图编辑器，进行修改。

3. 最后，回到角色库中，会发现修改后的新角色，而原来的角色依然存在。

# 第 12 课 丰收的季节

我们一般会用点击绿旗时开始指令执行程序。可不可以直接点击角色来控制程序呢？本节课，我们将使用点击角色时开始指令，并结合缩小、放大、重置等指令来设计一个摘苹果的小游戏。

## 探究学习

### ★ 摘苹果 ★

设计思路：点击树上成熟的苹果时，该苹果将会落下。

1. 新建项目，选择秋季背景，并删除舞台上的小猫角色。

2. 点击角色区的“ ”按钮，添加苹果角色，并将它拖到树上。

3. 打开外观指令区，将缩小指令拖到编程工作区，并点击两次，让苹果角色缩小到合适的大小。

**知识点播**

通过缩小指令“ ”将角色缩小后，可以直接将该指令拖回指令区删除。

4. 打开触发指令区，选择点击角色时开始指令，将它拖到编程工作区。

5. 编写脚本，让苹果角色左右晃动后落下来。

6. 点击舞台上的苹果试试效果吧。

## 知识点播

点击角色时开始指令“”的作用是当角色被点击时触发脚本的执行。

## 交流提升

重复点击苹果角色，你有什么发现？

## 挑战自我

添加更多的苹果角色，让游戏更加有趣。

### ★ 使游戏不断重复 ★

1. 在动作指令区中，找到重置指令。

2. 把重置指令拖到苹果角色脚本的末尾。

3. 使用等待指令，可以让苹果落地后停留一会儿。

## 交流提升

重置按钮“”和重置指令“”的区别是什么？

# 第 13 课 动物运动会

上节课，我们学习了可以通过点击角色来运行脚本。其实，还可以使用发送消息和接到消息时开始等指令让众多角色协同运行。

## 探究学习

### ★ 田径运动会 ★

设计思路：小猫喊“3、2、1，开始”的时候，小动物们开始运动。

1. 新建项目，选择草原背景，并将小猫角色拖到舞台中的右边，方向朝左。

## 知识点播

小猫角色默认的方向是朝右，拖动往左走指令“”到编程工作区，点击它改变小猫的朝向，然后将该指令删除。

2. 分别添加大象、长颈鹿和猴子角色，把它们缩小到合适的大小，并把它们依次拖到舞台中的左边。

3. 为小猫编写脚本，打开外观指令区，选择说话指令，让小猫说“3、2、1”，并使用录制音效指令录制声音“开始”。

4. 在触发指令区中，找到发送消息指令。

5. 拖动发送消息指令“”到编程工作区，把它组合到脚本的末尾，并使用点击绿旗时开始指令作为启动方式。

## 知识点播

发送消息指令“”可以理解为一个角色向其他所有角色发送了一条消息。只有当脚本中接到消息时开始指令与接到消息的颜色相同时，角色才会对这条消息作出反应。

6. 分别编写大象、长颈鹿和猴子的动作脚本。

7. 3 个角色在接收到小猫角色发出的指令后开始向前移动，所以每个角色的脚本都要以接到消息时开始指令“”作为启动方式。

## 知识点播

每个消息指令都有 6 种颜色，可以根据自己的需要选择不同颜色的消息指令。发送和接收的消息的颜色必须一致，否则角色脚本不会运行。

## 交流提升

生活中哪些地方用到了发送和接收消息？

## 挑战自我

设计一个火箭升空的脚本，小猫倒计时结束后，火箭升空，并最终消失。

# 第 14 课 快乐的海底世界

上节课，我们通过点击角色时开始指令来执行程序。其实，我们还可以通过碰到角色时开始指令来执行程序。

## 探究学习

### ★ 连续动作 ★

设计思路：小黄鱼当碰到小绿鱼后转身离开，小绿鱼向前游，当碰到海马后转身离开，海马被碰触后上下移动。

1. 新建项目，选择水底背景，并删除小猫角色。

2. 分别添加小黄鱼、小绿鱼和海马角色，并把它们拖到合适的位置。

3. 编写小黄鱼角色的脚本：它向右移动，当靠近小绿鱼时向左移动，随后再向右移动。

4. 为小绿鱼角色编写同样的脚本。

5. 为海马角色编写上下移动的脚本。

知识点播

角色移动的步数可以根据网格来计算。

6. 打开触发指令区，选择碰到其他角色时开始指令。

7. 将该指令分别拖到小绿鱼和海马角色脚本的开头。

知识点播

当一个角色碰到其他角色时，被碰到的角色的脚本可以通过碰到其他角色时开始指令启动。

8. 将点击绿旗时开始指令拖到小黄鱼脚本的开头。

9. 点击绿旗按钮运行程序，查看效果。

## 交流提升

如果将小黄鱼和小绿鱼脚本的末尾分别加一个循环指令，动画效果会怎么样？

## 挑战自我

设计一个小球碰撞的游戏。

# 第 15 课 找不同

利用 ScratchJr 创作简单的故事或游戏非常有趣，和小伙伴一起设计一个与猜测路径有关的多人游戏吧。

## 探究学习

### ★ 设计找不同游戏 ★

设计思路：所有角色都按一定的规律移动着，可是其中一个角色的移动规律与其他角色有所不同，玩家选择哪一个角色的移动规律是不同的。如果玩家选择错误，角色会说："不是我！"如果玩家选择正确，角色会说："是我！"每人一次机会，第一个选择正确的玩家获胜。

1. 新建项目，选择农场背景。

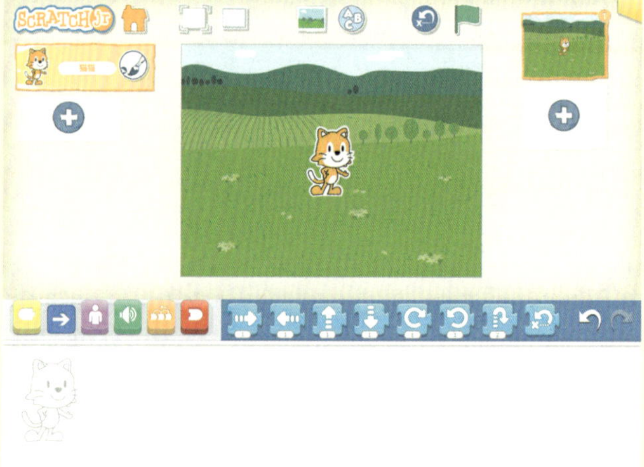

2. 小猫角色已经在舞台上了，可以再添加4个不同的角色(动物、人物都可以)，并把他们放在合适的位置。

3. 选择兔子角色，编写一段点击绿旗时角色循环走正方形轨迹的脚本，角色被点击时说：“不是我。”

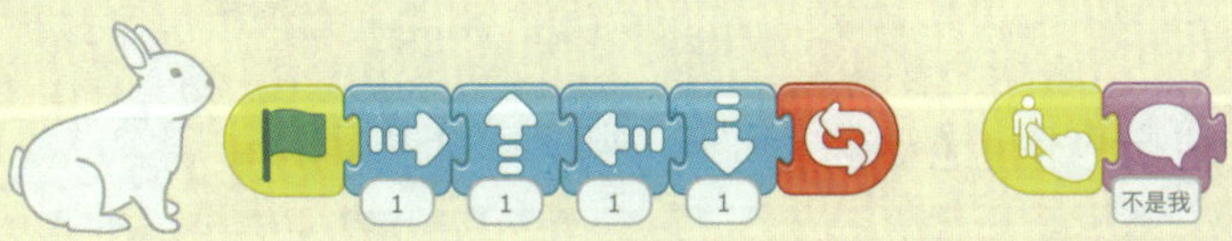


## 知识点播

在脚本中添加循环指令“”是为了让角色不断地循环移动。

4. 复制兔子的脚本给其他4个角色。

5. 为每个角色的脚本添加一个等待指令，并改变等待时间，使所有角色分别移动。

6. 选择小猫角色，在其脚本中额外添加一个往下走的指令。这样，它的移动方式和其他 4 个角色的移动方式稍有不同。将语言“不是我”改成“是我”。

7. 打开控制指令区，拖动停止指令到脚本的末尾。

## 知识点播

停止指令“”只会停止执行该角色的脚本，不能让其他角色的脚本也停止。一旦该脚本停止，只能通过其他控制指令再次启动脚本。例如：使用点击绿旗时开始、点击角色时开始等指令。

8. 完成所有角色的脚本后，点击全屏模式按钮可以隐藏编辑区。

9. 点击绿旗按钮运行程序，开始游戏吧。

## 交流提升

当找出正确的角色时，它停止移动了，那其他角色也停止移动了吗？有什么办法能让所有角色都停止移动呢？

## 挑战自我

试着编写脚本，使用发送消息指令让另外4个角色接到消息时停止移动。

# 第 16 课 飞越障碍

我们经常会在网上看到这样的小游戏：为了到达目的地，要躲避许多障碍物。本节课，我们就用 ScratchJr 相关指令来设计这样的小游戏。

## 探究学习

### ★ 飞越障碍小游戏 ★

设计思路：蝴蝶要到对面的花丛中采蜜，必须穿过 3 只小鸟之间。当玩家点击蝴蝶时，它就会飞向花丛的方向。蝴蝶如果碰到任何一只小鸟就会返回初始位置。如果蝴蝶安全碰到花丛，那么玩家胜利。

1. 新建项目，选择一个合适的背景，如农场。

2. 删除小猫角色，添加花丛和蝴蝶角色，并将它们分别拖到舞台中的右边和左边。

3. 添加 3 只小鸟角色，并将它们依次排列在舞台的中线上。

4. 为其中一只小鸟角色设置动作脚本。为了让蝴蝶知道自己碰到了小鸟，小鸟的脚本中需要再添加一段碰到蝴蝶时发送一条橘黄色消息的指令。

5. 将小鸟角色的脚本复制给其他两只，使得它们的脚本相同。

6. 使用设定速度指令改变 3 只小鸟角色的移动速度。

## 知识点播

创作游戏时，不要让小鸟在移动时碰触到花丛或其他小鸟，因为任何碰触到小鸟的动作都会触发执行蝴蝶重返初始位置的指令。

7. 编写脚本：蝴蝶被点击后向前移动，碰到小鸟后重返初始位置。

## 知识点播

整个游戏的主要操作是点击蝴蝶，如果不小心拖动了它，拖动后的位置就变成了蝴蝶的初始位置。蝴蝶如果碰到了小鸟，就会返回这个拖动后的位置，而不是最初设定的位置。

8. 为花丛角色编写脚本：花丛被蝴蝶碰到时，发出消息："胜利！"

## 交流提升

你获得胜利了吗？与你的小伙伴交流一下技巧吧。

## 挑战自我

为游戏添加一个按钮，避免操作过程中蝴蝶被拖动。

提示：

①添加一个角色作为按钮，如大树，它被点击时发送蓝色的消息。

②修改蝴蝶角色的脚本，让它接收到蓝色消息时向前移动。这样，就可以通过点击大树来完成操作，不用担心蝴蝶被拖动了。

图书在版编目（CIP）数据

人工智能教程.②/陆德旭主编.—青岛：青岛出版社，2018.10
ISBN 978-7-5552-7736-1

Ⅰ.①人…　Ⅱ.①陆…　Ⅲ.①人工智能－中小学－教材　Ⅳ.①G634.671

中国版本图书馆CIP数据核字（2018）第226384号

书　　名　人工智能教程 ②
主　　编　陆德旭
本册作者　王　炜　曹文娟
出版发行　青岛出版社（青岛市海尔路182号，266061）
本社网址　http://www.qdpub.com
责任编辑　付　凯
装帧设计　青岛出版社教育设计制作中心
印　　刷　青岛海蓝印刷有限责任公司
出版日期　2018年10月第1版　2018年10月第1次印刷
开　　本　16开（787mm × 1092mm）
印　　张　6
字　　数　100 千
书　　号　ISBN 978-7-5552-7736-1
定　　价　18.80元
编校印装质量、盗版监督服务电话：4006532017　0532-68068638